BEI GRIN MACHT SICH IHR WISSEN BEZAHLT

- Wir veröffentlichen Ihre Hausarbeit,
  Bachelor- und Masterarbeit

- Ihr eigenes eBook und Buch -
  weltweit in allen wichtigen Shops

- Verdienen Sie an jedem Verkauf

Jetzt bei www.GRIN.com hochladen
und kostenlos publizieren

Bibliografische Information der Deutschen Nationalbibliothek:

Die Deutsche Bibliothek verzeichnet diese Publikation in der Deutschen National-
bibliografie; detaillierte bibliografische Daten sind im Internet über http://dnb.d-
nb.de/ abrufbar.

Impressum:

Copyright © 2012 GRIN Verlag, Open Publishing GmbH
Druck und Bindung: Books on Demand GmbH, Norderstedt Germany
ISBN: 9783668265141

Dieses Buch bei GRIN:

http://www.grin.com/de/e-book/336816/eine-figurenanalyse-des-romans-spinner-
von-benedict-wells

Torben Tesche

Eine Figurenanalyse des Romans "Spinner" von Benedict Wells

GRIN Verlag

GRIN - Your knowledge has value

Der GRIN Verlag publiziert seit 1998 wissenschaftliche Arbeiten von Studenten, Hochschullehrern und anderen Akademikern als eBook und gedrucktes Buch. Die Verlagswebsite www.grin.com ist die ideale Plattform zur Veröffentlichung von Hausarbeiten, Abschlussarbeiten, wissenschaftlichen Aufsätzen, Dissertationen und Fachbüchern.

Besuchen Sie uns im Internet:

http://www.grin.com/

http://www.facebook.com/grincom

http://www.twitter.com/grin_com

Universität zu Köln

Philosophische Fakultät

Institut für deutsche Sprache und Literatur II

Proseminar II Literaturwissenschaft: Ich-Findungsprozesse in der neueren Jugendliteratur

SoSe 2012

Eine Figurenanalyse des Romans

„Spinner" von Benedict Wells

Inhaltsverzeichnis

1. Einführung

Der Roman „Spinner" von Benedict Wells ist erstmalig 2009 im Diogenes Verlag erschienen. Der 20 jährige Protagonist Jesper Lier ist nach dem Abitur von München nach Berlin gezogen, mit dem Ziel dort Schriftsteller zu werden. Sein Leben ist jedoch eine einzige Katastrophe und er erlebt mit seinen Freunden Gustav und Frank eine spannende Woche in der Hauptstadt. Innerhalb der Geschichte durchlebt Jesp einen Entwicklungsprozess und erfährt eine Vielzahl an Erkenntnissen.

Im Folgenden soll herausgefunden werden, wie und durch welche Ereignisse sich die Einstellung des Hauptdarstellers verändert.

2.) Figurenanalyse

2.1.) Figurencharakterisierung

2.1.1.) Direkte Charakterisierung

Die direkte, auch explizite oder intrinsische Charakterisierung genannt, erfolgt durch den Erzähler oder durch die direkte Rede einer anderen Figur.[1][2]

In diesem Abschnitt wird die Figur des Jesper Lier untersucht. Der Klappentext des Buches gibt dem Leser schon vorab eine Einführung zur Konstitution des Protagonisten.

Er ist 20 Jahre alt und mit vielen Erwartungen nach Berlin gekommen.[3] Diese werden jedoch nicht erfüllt und er entwickelt eine starke Abneigung gegen die Gesellschaft und wird somit zum Einzelgänger.[4] Außerdem ist ihm bewusst, dass eine existentielle Veränderung in seinem Leben geschehen muss.[5] Sein Wesen ist dadurch gekennzeichnet, dass er sich gewollt zum Außenseiter stilisiert und gerne ein einsamer Rebell wäre.[6][7] Er will nicht so sein, wie die anderen aus seiner Generation und möchte, dass alle gegen ihn sind.[8] Das spiegelt sich auch in seinem enormen Menschenhass wider.[9]

---

[1] Vgl. Koch, Thomas: Literarische Menschendarstellung (1991). S. 124
[2] Vgl. Bachorz, Stephanie: Zur Analyse der Figuren (2004). S. 60
[3] Vgl. Wells, Benedict: Spinner (2009). Klappentext
[4] Vgl. ebd. (2009). Klappentext
[5] Vgl. ebd. (2009). Klappentext
[6] Vgl. ebd. (2009). S. 171. S. 187
[7] Vgl. ebd. (2009). S. 228 – S. 229
[8] Vgl. ebd. (2009). S. 229
[9] Vgl. ebd. (2009). S.11, S. 22, S. 157

Sehr häufig lässt Jesp eine große Abneigung gegenüber seinen Mitmenschen erkennen und verstrickt sich somit immer tiefer in seine Einsamkeit.

Selbst Miri erkennt das: „Egal über was wir bis jetzt geredet haben, immer hasst du alle."[10] Er fühlt sich zu dieser Zeit nicht zugehörig und wünscht sich in den sechziger Jahren aufgewachsen zu sein, denn in dieser Zeit fühlt er sich zurückgezogen und allein und damals hätte er sich frei gefühlt.[11] Jesper bezeichnet sich selbst als Träumer ohne Hoffnungen und ständig als Lügner.[12] [13] Er verstrickt sich immer mehr in Lügengeschichten und meint, dass er gar nicht anders könne, als zu lügen, denn sein Nachname „Lier" bestimme ihn dazu, denn darin steckt das englische Wort to lie und das bedeutet lügen.[14] Lügen ist das, was er am allerbesten kann und aus diesem Grund schwindelt er seine Mutter auch an, was sein Leben in Berlin betrifft.[15] Er stellt sich als genialer Schriftsteller dar und meint, alles klappt wie er sich das vorgestellt habe.[16] Gustav ist auch der Ansicht, dass er ein armseliger und einsamer Lügner sei.[17]

Sehr signifikant für seine Figur ist, dass er auch einen großen Hass auf sich selbst besitzt. Er macht sich ständig Vorwürfe, dass er in seinem Leben nichts hinbekommt und betitelt sich selbst als „Waschlappen", einen „jammernden Feigling" oder gar als „elendigen Versager".[18] [19] [20] Er macht sich große Vorwürfe, weil er die Möglichkeit zu einem selbstbestimmten Leben hat, aber diese nicht nutzt. Für diese Undankbarkeit hasst er sich.[21] Das Ausmaß seiner Selbstzweifel nimmt ein so hohes Maß an Dramatik an, dass er sich als eine gescheiterte Existenz betitelt.[22]

Der junge Neu-Berliner übertreibt gerne und meint, er werde mit 40 Jahren fett und kahlköpfig.[23] Außerdem hat Jesp laut Arzt eine Depression.[24] Dies wird auch an mehreren

---

[10] Wells, Benedict: Spinner (2009). S. 245
[11] Vgl. ebd. (2009). S. 129
[12] Vgl. ebd. (2009). S. 11
[13] Vgl. ebd. (2009). S. 13, S. 202
[14] Vgl. ebd. (2009). S. 27
[15] Vgl. ebd. (2009). S. 69
[16] Vgl. ebd. (2009). S. 171
[17] Vgl. ebd. (2009). S. 228
[18] Vgl. ebd. (2009). S. 37, S. 43
[19] Vgl. ebd. (2009). S. 45
[20] Vgl. ebd. (2009). S. 211
[21] Vgl. ebd. (2009). S. 145
[22] Vgl. ebd. (2009). S. 213
[23] Vgl. ebd. (2009). S. 215
[24] Vgl. ebd. (2009). S. 270

Stellen innerhalb des Romans deutlich, denn er hat Schlafstörungen, fühlt sich oft sehr einsam und allein und sein Leben hat sich in ein Überleben verwandelt.[25]

Jesper fühlt sich leer und orientierungslos, seitdem die Schulzeit vorbei ist, und er hat plötzliche Stimmungsschwankungen.[26] [27]

Er gesteht Miri, dass er einfach keine Entscheidungen treffen will und er sagt: „ Ich hab halt einen traurigen Verstand und ˋne lächelnde Seele. " [28] Sein Selbstbild ist kein gutes, denn er fühlt sich minderwertig und meint, dass er traurig und langweilig sei.[29] Jesp weiß, dass ihn der Tod seines Vaters, der Zivildienst im Behindertenheim und das Leben in Berlin zu sehr verändert haben.[30] Er hat starke Zukunftsängste und traut sich nicht, sich für irgendetwas zu entscheiden.[31] Jesper will nicht so angepasst ans Leben sein, wie seine alten Mitschüler, er will nicht zu der Gruppe seiner Generation gehören, nicht so gleich werden wie alle in der Gesellschaft und einen Beruf haben, der ihn anwidert.[32] Der Münchner verspürt einen enormen Weltschmerz und fragt sich, wo überhaupt der Sinn im Leben sei.[33] [34] Er isoliert sich gewollt, denn er schreibt keine Mails und besitzt auch kein Handy.[35] Des Weiteren verspürt der Protagonist eine Art Handlungsohnmacht und deswegen stagniert sein ganzes Leben.[36] Er ist unfähig etwas zu verändern, traut sich nicht Probleme anzupacken, läuft vor allen Aufgaben davon und macht immer wieder die gleichen Fehler.[37] Der Schriftsteller ist damit nicht glücklich, fühlt sich traurig und einsam und weiß auch, dass er in seinem Leben was verändern muss, damit er wieder zufrieden wird.[38] [39] Deswegen wünscht er sich sein altes Leben zurück, welches so fehlerlos und neu war, aber er hat nicht den Mut zu Veränderungen.[40] [41] Außerdem bezeichnet er sich selbst als Spinner, der ohne Grund oft lacht

---

[25] Vgl. ebd. (2009). S. 15, S. 40, S. 85, S. 168
[26] Vgl. Wells, Benedict: Spinner (2009). S. 25
[27] Vgl. ebd. (2009). S. 41
[28] Ebd. (2009). S. 168
[29] Vgl. ebd. (2009). S. 46
[30] Vgl. ebd. (2009). S. 101
[31] Vgl. ebd. (2009). S. 187
[32] Vgl. ebd. (2009). S. 18, S. 219
[33] Vgl. ebd. (2009). S. 148
[34] Vgl. ebd. (2009). S. 168
[35] Vgl. ebd. (2009). S. 18
[36] Vgl. ebd. (2009). S. 213
[37] Vgl. ebd. (2009). S. 37, S. 223
[38] Vgl. ebd. (2009). S. 85
[39] Vgl. ebd. (2009). S. 187
[40] Vgl. ebd. (2009). S. 228
[41] Vgl. ebd. (2009). S. 235

und auch nur versucht sein Leben hinzubekommen.[42] Ihm ist wichtig, was andere über ihn denken, aber er wünscht sich, dass es ihm egal wäre.[43]

Außerdem hat er oft Selbstmitleid, jammert gerne und ist weinerlich.[44] Er beklagt sich nur über seine schlechte Situation anstatt nach Lösungen zu suchen und zu handeln. Jesper Lier stellt sich als schüchtern dar, wirkt nervös, ist oft traurig, unsportlich und kann nicht mit Zurückweisungen umgehen.[45] [46] [47]

Des Weiteren ist er auch neidisch auf Gustav und wäre gerne wie er, weil er so viele Leute kennt und cool ist und er ist eifersüchtig, dass sich Gustav so gut mit Frank versteht.[48] [49] Ehrgeiz lässt er jedoch auch erkennen, denn er hat viel Willen ins sich, um allen zu zeigen, dass er ein guter Schriftsteller ist.[50] Zuerst fühlt er sich alt, aber dann erkennt er, dass er noch verdammt jung und ein blutiger Anfänger ist und sein Verhalten manchmal kindisch ist.[51] [52]

Nachdem er mit Miri geschlafen hat, fühlt er sich so gut wie lange nicht mehr.[53] Jesp ist sarkastisch und besitzt viel Selbstironie oder auch Selbstüberschätzung, denn er bezeichnet sich z.B. als „Genie".[54] Er bekommt von Biehler gesagt, dass er Talent zum Schreiben besitzt, aber er solle es auch nicht verschwenden und müsse es nutzen.[55] [56] Jesper sieht Parallelen zwischen sich und dem imaginären Wolf, denn sie beide sind einsam, hungrig und kämpfen ums Überleben.[57]

Schlussendlich will Jesp sein Lebensstil ändern, meint, er habe seine Probleme überstanden und ist ehrlich zu seiner Mutter hinsichtlich seines wahren Lebens in Berlin.[58] [59] Er weiß, dass er einmal glücklich sein wird und schaut dadurch positiver der Zukunft entgegen.[60]

---

[42] Vgl. ebd. (2009). S. 16, S. 263
[43] Vgl. ebd. (2009). S. 98
[44] Vgl. Wells, Benedict: Spinner (2009). S. 211
[45] Vgl. ebd. (2009).S. 20
[46] Vgl. ebd. (2009). S. 24 – S. 25
[47] Vgl. ebd. (2009). S. 223
[48] Vgl. ebd. (2009). S. 42, S. 50, S. 82, S. 197
[49] Vgl. ebd. (2009). S. 87
[50] Vgl. ebd. (2009). S. 190
[51] Vgl. ebd. (2009). S. 86
[52] Vgl. ebd. (2009). S. 252
[53] Vgl. ebd. (2009). S. 174
[54] Vgl. ebd. (2009). S. 37
[55] Vgl. ebd. (2009). S. 210
[56] Vgl. ebd. (2009). S. 291
[57] Vgl. ebd. (2009). S. 256
[58] Vgl. ebd. (2009). S. 272
[59] Vgl. ebd. (2009). S. 283
[60] Vgl. ebd. (2009). S. 291

2.1.2.) Indirekte Charakterisierung

Es gibt auf der einen Seite gewohnheitsmäßige und einmalige Handlungen und auf der anderen Seite ausgeführte und unterlassene oder nur in Betracht gezogenen Handlungen.[61] Durch die Taten der Figuren und die Art der Ausführung soll man auf die Eigenschaft der Einzelnen rückschließen können.[62] Außerdem bezeichnet die direkte Rede eine weitere Form der Figurenanalyse.[63] Charaktere zeichnen sich dadurch aus, was sie auf welche Art und Weise sagen.[64] Des Weiteren ist das äußere Erscheinungsbild einer Figur zu betrachten.[65] Die Figur wird von Faktoren wie Kleidung beeinflusst, denn so kann z.B. einfache Kleidung Bescheidenheit oder Armut skizzieren.[66] Auch bei der Umwelt von Figuren gibt es kausale Zusammenhänge, denn so beschreibt z.B. eine bürgerliche Wohngegend ein spießiges und traditionelles Dasein der Figur.[67]

a.) Handlungen

Jesper hat plötzliche Launenwechsel. Zum einen ist er plötzlich gut gelaunt, springt freudig herum, tanzt albern und singt.[68] Zum anderen hat er auf einmal Wutausbrüche, ein großes Mundwerk, wird total aggressiv, ist traurig und schreit herum.[69] Er reist sich z.B. vor Wut selbst an seinen Haaren und schmeißt die Regale in seiner Wohnung um oder zerschlägt die Scheibe eines Aufzugs mit bloßen Händen.[70] [71] Jesper erscheint fahrlässig und gleichgültig gegenüber Schmerzen durch solche überspitzten Handlungen. Er schläft plötzlich in der Bahn ein und spielt gerne das Augenspiel, wobei er fremde Leute bewusst direkt in die Augen schaut, bis diese wegsehen.[72] Außerdem geht er absichtlich langsam über die Straße, damit die Autos ihn fast erwischen.[73] Diese

---

[61] Vgl. Bachorz, Stephanie: Zur Analyse der Figuren (2004). S. 60
[62] Vgl. Bachorz, Stephanie: Zur Analyse der Figuren (2004). S. 60
[63] Vgl. ebd. (2004). S. 60
[64] Vgl. ebd. (2004). S. 60
[65] Vgl. ebd. (2004). S. 61
[66] Vgl. ebd. (2004). S. 61
[67] Vgl. ebd. (2004). S. 61
[68] Vgl. Benedict, Wells: Spinner (2009). S. 15, S. 17, S. 18, S. 181
[69] Vgl. ebd. (2009). S. 103, S. 160, S. 213 – S. 215
[70] Vgl. ebd. (2009). S. 26 – S. 27
[71] Vgl. ebd. (2009). S. 214
[72] Vgl. ebd. (2009). S. 110
[73] Vgl. ebd. (2009). S. 251

Handlungsweise lässt darauf schließen, dass er Spaß daran hat Leute zu provozieren und es mag, Macht zu besitzen. Er kauft sich Zigaretten und raucht, nachdem er verprügelt wird, obwohl er Nichtraucher ist, denn er meint, es wäre eine tolle Filmszene.[74]

Er schlüpft gerne in andere Rollen, denn er sagt den Kriminellen, dass er sein Vormieter Tubluk sei, wechselt sein Klingelschild nicht aus und gibt sich auf einer Party als Gustav aus.[75]

Das macht deutlich, dass der angehende Schriftsteller nicht mit sich zufrieden ist und scheinbar den Wunsch hat, jemand anderes zu sein. Er macht seine Wohnung extra unordentlich, damit Gustav denkt, dass er ein Außenseiter – Genie ist, welches sich sehr in seine Arbeit vertieft.[76]

Sein exzessives Schreiben zeigt, dass er versucht hat, dadurch etwas zu verarbeiten und seine Einsamkeit zu kompensieren.[77] Außerdem hat Jesper ein Drogenproblem. Er trinkt viel Alkohol, hat bis vor kurzer Zeit Schlaftabletten genommen und befindet sich jetzt auf einem kalten Entzug.[78] Durch den Entzug hat er Schlafstörungen, Verfolgungswahn und Halluzinationen.[79] Er bildet sich ein, Wölfe zu sehen, denkt er sieht seinen Vater und meint, seine Romanfiguren Jury und Kryger würden ihn verfolgen.[80] [81] [82] Ihm fällt es schwer, zwischen Realität und Einbildung zu unterscheiden und ihm passiert es, dass er sich nicht mehr an seine Handlungen erinnern kann.[83]

Er ignoriert seine Symptome, unterdrückt seinen Hunger und missachtet seine Entzugserscheinungen, was zeigt, dass er sich selbst nicht viel Wert beimisst und ihm seine Gesundheit egal ist. Letztendlich landet er wegen seines fahrlässigen Umgangs mit sich selbst im Krankenhaus, da er in Ohnmacht fällt, und ihm wird eine Gürtelrose diagnostiziert.[84] Seine ständigen Stimmungsschwankungen und Depressionen sind die Auswirkungen des Tablettenentzugs. Lier quält sich auch gerne selbst, denn er geht immer eiskalt Duschen, was ihn zum Schreien veranlasst.[85] Oft läuft er davon, weil er sich nicht traut, sich seinen

---

[74] Vgl. ebd. (2009). S. 158
[75] Vgl. ebd. (2009). S. 29
[76] Vgl. Benedict, Wells: Spinner (2009). S. 30
[77] Vgl. ebd. (2009). S. 79
[78] Vgl. ebd. (2009). S. 15, S. 60, S. 148
[79] Vgl. ebd. (2009). S. 267
[80] Vgl. ebd. (2009). S. 65 + S. 256
[81] Vgl. ebd. (2009). S. 84
[82] Vgl. ebd. (2009). S. 161 + S. 235
[83] Vgl. ebd. (2009). S. 126
[84] Vgl. ebd. (2009). S. 269
[85] Vgl. ebd. (2009). S. 65

Problemen zu stellen.[86] Das macht den Protagonisten feige und zeigt seine Unfähigkeit zu handeln. Jesper zieht in Betracht, nach Irland abzuhauen und sich umzubringen, aber dann erkennt er, dass er sich seinem Leben stellen muss. [87] [88]

Der Junge verbrennt sein Werk „ Der Leidensgenosse" was symbolisch dafür steht, dass er seine schlechten Eigenschaften ausmerzen, mit seinem alten Berliner Leben abschließen und sich verändern möchte.[89]

Zuletzt beweist er seinen Willen zu Veränderungen, denn er steigt in den Zug nach München, in seine alte Heimat.[90] Metaphorisch gesehen steht der Zug für Bewegung und lässt hoffen, dass der Protagonist nicht mehr in seinem bisherigen Leben stagniert.

b.) Direkte Rede

Der Hauptdarsteller drückt sich ironisch aus und produziert coole, aber intelligente Sprüche, wie z.B.: „Ich hab keine Angst vor der Zukunft, verstehen Sie? Ich hab nur ein kleines bisschen Angst vor der Gegenwart."[91] Außerdem benutzt er viele Schimpfwörter und seine Ausdrucksweise entspricht allgemein betrachtet der konformen Jugendsprache.[92] Dadurch ist seine Sprache leicht verständlich und verdeutlicht sein junges Alter. Des Weiteren erfindet er Neologismen und drückt sich metaphorisch und symbolisch aus, was auf seinen kreativen Verstand schließen lässt.[93]

c.) Äußeres Erscheinungsbild

Das Erste, was man sofort erfährt ist, dass Jesper eiskalte Hände hat.[94] Später merkt Miri an, dass er die Hände eines toten Pianisten habe.[95] Dadurch wird das Gefühl erzeugt, dass der Protagonist ein kalter Mensch sei, welcher keine Gefühle besitze. Jesp selbst beschreibt sich so: „ Ein seltsamer Typ stand mir gegenüber. Er sah ungesund und ausgezehrt aus, als wäre er binnen kürzester Zeit ungewöhnlich schnell gewachsen. Er trug Jeans, Shirt und eine dunkle

---

[86] Vgl. ebd. (2009). S. 153, S. 211, S. 214 – 215, S. 227
[87] Vgl. ebd. (2009). S. 229 – S. 230
[88] Vgl. ebd. (2009). S. 254
[89] Vgl. ebd. (2009). S. 263
[90] Vgl. Benedict, Wells: Spinner (2009). S. 307
[91] Ebd. (2009). S. 291
[92] Vgl. ebd. (2009). S. 227
[93] Vgl. ebd. (2009). S. 148
[94] Vgl. ebd. (2009). S. 11
[95] Vgl. ebd. (2009). S. 172

er misst Äußerlichkeiten, keine Be-
deutung bei

Schiebermütze. Seine braunen Haare glichen einem Vogelnest und das bleiche Gesicht blickte mir verpennt entgegen…"[96] Er wirkt runtergekommen und gewöhnlich durch seine Kleidung. Besonders auffällig ist sein schwarzer, zerknitterter alter Mantel, woran man bestätigt findet, dass ihm sein Äußeres nicht viel Wert ist.[97]

Sein Freund Gustav bemerkt, dass er blass, dürr und krank, so wie eine Leiche, wirke und sein Freund Frank stellt auch fest, dass er ungesund aussehe.[98] [99] Er wird sogar für einen Obdachlosen gehalten.[100]

Als Jesp sich im Aufzug betrachtet, findet er, dass er armselig aussieht, seine Augen glanzlos sind, das Gesicht lädiert ist und seine Wangen eingefallen sind.[101] Das fällt auch dem Chefredakteur des Berliner Boten auf und er sagt, dass Jesper furchtbar aussieht.[102] Der Leser macht sich richtig Sorgen um den Protagonisten, denn er wirkt immer ungesünder und heruntergekommener. Durch seine Dublin-Mütze und seine hellblauen Socken wird jedoch auch das Bild eines extravaganten und speziellen Künstlers erzeugt.[103] Außerdem ist Jesp noch sehr jung mit seinen 20 Jahren, wodurch seine Unerfahrenheit in Bezug auf ein selbstständiges Leben bestätigt wird.

d.) Umwelt

Die Wohnung des Jungen ist total heruntergekommen, klein, dunkel und ein richtiges Kellerloch.[104] Sein Einzimmerapartement widert ihn an, denn es liegt unter der Straße und nur in das oberste Drittel der Fenster fällt Licht.[105] Er muss sich auf einen Stuhl stellen, um durch die Gitter die Menschen auf der Straße zu sehen und dadurch fühlt er sich wie ein Gefangener.[106]

Die Beschreibung der Wohnung erzeugt ein sehr beklemmendes Gefühl und steht sinnbildlich für Jesps Wesen, denn er ist im Moment nicht in einer guten Verfassung und wirkt leicht verwahrlost. Der Zustand der Wohnung zeigt, dass er ein unstrukturiertes Leben führt und

---

[96] Ebd. (2009). S. 16
[97] Vgl. ebd. (2009). S. 16
[98] Vgl. ebd. (2009). S. 37
[99] Vgl. ebd. (2009). S. 95
[100] Vgl. ebd. (2009). S. 155
[101] Vgl. Benedict, Wells: Spinner (2009). S. 206
[102] Vgl. ebd. (2009). S. 207
[103] Vgl. ebd. (2009). S. 172
[104] Vgl. ebd. (2009). S. 15, S. 253, S. 232
[105] Vgl. ebd. (2009). S. 57
[106] Vgl. ebd. (2009). S. 57

nicht viel Wert darauf legt, sich in seiner Umgebung wohlzufühlen. Interessant ist auch Jespers Urteil über Berlin. Seine Meinung ist, dass Berlin eine verlogene Stadt sei und den Besuchern nur schöne Dingen vorspiele, damit sie in ihr leben wollten, aber wenn man hier wohne, dann merke man, dass alles nur leere Versprechungen seien.[107] Der Ort erzeuge Leere und Einsamkeit und wenn man einmal Bewohner sei, dann könne man nicht mehr zurück und sei gefangen.[108]

An dieser Stelle wird deutlich, dass Jesper sich nach Authentizität und Ehrlichkeit sehnt und seine Stimmungslage auch mit der Hauptstadt zu tun hat. Nach München in seine alte Heimatstadt will er aber auch nicht zurück, denn die Stadt der reichen, verhätschelten und eingebildeten Jura- und BWL-Studenten widert ihn an.[109] Hier merkt man erneut, dass der junge Schriftsteller sich einfach nicht seiner Umwelt oder der Gesellschaft assimilieren will.

2.2. Figurenkonzeption

Das Modell für die differenzierte Figurenkonzeption nach Pfister skizziert ein metakausales Bild von den Charaktereigenschaften der Figuren innerhalb eines Buches. Er unterscheidet vier gegensätzliche Charakterpaare. Das Paar statisch – dynamisch stellt die Entwicklung einer Figur dar.[110] Das bedeutet, ob die Eigenschaften eines Charakters immer gleich bleiben oder sich innerhalb einer Geschichte entwickeln und somit wechseln.[111] Des Weiteren gibt er die getrennte zweite Option einer eindimensionalen oder mehrdimensionalen Figur an.[112] Eindimensionale Figuren haben nur eine geringe Anzahl von Merkmalen, wogegen mehrdimensionale Charaktere durch einen komplexen Anteil von Merkmalen gekennzeichnet sind.[113] [114] Außerdem macht Pfister den Unterscheid zwischen geschlossenen und offenen Figuren.[115] Die geschlossene Figur wird durch gegebene Informationen explizit definiert und die offene hingegen erscheint als mehrdeutig und sie ist unvollständig definiert.[116] Pfisters letztes Kontrastpaar unterscheidet die psychologische oder transpsychologische Figurenkonzeption. Das Bewusstsein einer psychologischen Figur ist eingeschränkt und

---

[107] Vgl. ebd. (2009). S. 105, S. 156
[108] Vgl. ebd. (2009). S. 106
[109] Vgl. Benedict, Wells: Spinner (2009). S. 106
[110] Vgl. Pfister, Manfred: Das Drama (1977). S. 241
[111] Vgl. ebd. (1977). S. 242
[112] Vgl. ebd. (1977). S. 243
[113] Vgl. ebd. (1977). S. 243 – S. 244
[114] Vgl. http://www.digitale-schule-bayern.de/dsdaten/18/808.html (Stand 23.09.2012)
[115] Vgl. Pfister, Manfred: Das Drama (1977). S. 246
[116] Vgl. ebd. (1977). S. 246 - 247

kennzeichnet sich durch die unerklärbaren Gegebenheiten von Emotionen und Stimmungen aus.[117] [118]

Transpsychologische Figuren besitzen die Gabe zur Selbstreflektion und Selbstcharakterisierung, veranlassen den Leser dazu, die eigenen Sichtweisen zu reflektieren und warnen vor Fehlern.[119]

a.) Statische vs. dynamische Figurenkonzeption

Die Figur des Jesper Lier ist eine dynamische, denn er entwickelt sich innerhalb des Romans weiter und erscheint als unfertiger Charakter. Zuerst ist er sich völlig unsicher, was er im Leben möchte. Jesp verdrängt die Entscheidung, indem er davon läuft und sich nicht seinen Problemen stellt. Sein Verhalten ist aggressiv und selbstzerstörisch. Er begegnet allem und jeden mit Spott und Hass, aber er weiß, dass er sich verändern muss, um sich weiterzuentwickeln.[120] Jesper gesteht sich ein, dass er in Miri verliebt ist und es scheint, als ob hier der Anfang für seine Veränderung liegt.[121] [122]

Aber nachdem Biehler sein Buch stark kritisiert, versucht er erneut vor seinen Problemen davonzulaufen, fällt in sein selbstzweifelndes Bild zurück und erkennt, dass er seit einem Jahr in Berlin auf der Stelle tritt.[123] Andererseits entsteht hier aber auch ein Bruch im Roman, denn das Ende seines Werks bedeutet auch das Ende seines bisher geführten Berliner Lebens und er erkennt, dass er der Leidensgenosse ist.[124] Jesper will sein altes Leben nicht mehr und möchte, dass seine Alpträume mit den Wölfen aufhören.[125] [126]

Er hat endlich den Mut Miri zu sagen, dass er sie liebt und meint, dass er sie für sein Wohlergehen braucht.[127] Später merkt Jesper, dass er sie nicht liebt, sondern sie nur für seinen Wunsch nach Nähe funktionalisieren wollte.[128]

---

[117] Vgl. ebd. (1977). S. 248 – S. 249
[118] Vgl. http://www.digitale-schule-bayern.de/dsdaten/18/808.html (Stand 23.09.2012)

[119] Vgl. Pfister, Manfred: Das Drama (1977). S. 248
[120] Vgl. Wells, Benedict: Spinner (2009). S. 85
[121] Vgl. ebd. (2009). S. 163
[122] Vgl. ebd. (2009). S. 173
[123] Vgl. ebd. (2009). S. 211, S.214 – S. 215
[124] Vgl. ebd. (2009). S. 212
[125] Vgl. ebd. (2009). S. 215
[126] Vgl. ebd. (2009). S. 219
[127] Vgl. ebd. (2009). S. 246 – S. 248
[128] Vgl. ebd. (2009). S. 289

Die Schlüsselszene für die Entwicklung der Figur des Jesper Lier ist, als er sich der Halluzination des Wolfrudels stellt und ihren Anführer tötet.[129] Dadurch, dass er seinen Ängsten gegenübertritt und den Wolf, also den alten Jesper, tötet, zeigt er den Mut zu Veränderungen in seinem Leben, denn er hat jetzt gelernt mit seinem bisherigen Dasein abzuschließen.

Jesper beschreibt, dass er sich befreit fühle und sein Alter Ego nun tot sei.[130] Er entschuldigt sich bei seinen beiden einzigen Freunden Frank und Gustav und verbrennt mit ihnen zusammen sein Werk „Der Leidensgenosse", was symbolisch dafür steht, dass er seine schlechten Eigenschaften verändern möchte und mit seinem ungesunden Berliner Leben abschließen will.[131]

Nachdem er ohnmächtig wird und im Krankenhaus aufwacht, ist er einsichtig und verspricht dem Arzt, sich richtig zu ernähren und sein Schlaftablettenproblem in den Griff zu bekommen.[132] Ab hier ist Jesper auch sehr offen im Umgang mit seinen Problemen, denn er erzählt dem Arzt alles, was ihn beschäftigt.[133] Der Gerettete gesteht seiner Mutter alle Lügengeschichten, entschuldigt sich bei Biehler für den Ausraster und weiß, dass er das Schlimmste überstanden hat.[134] Zum Schluss merkt er, dass er diese Erfahrungen für seinen Werdegang machen musste und ist zuversichtlich, dass sein Leben wieder in Bewegung kommt.[135]

b.) Eindimensionale vs. mehrdimensionale Figurenkonzeption

Aufgrund seiner komplexen und vielschichtigen Merkmale ist Jesp mehrdimensional konzipiert. Er ist ein Träumer, ein Spinner, ein Lügner, feige, schüchtern und fühlt sich als Versager.[136] Lier ist einsam, leer und orientierungslos, aber zeigt in manchen Situationen ein unheimliches Selbstbewusstsein, indem er fremden Leuten seine Meinung sagt, plötzliche Wutausbrüche hat und auf einmal total aggressiv ist.[137] [138] Sein Wesen ist geprägt durch

---

[129] Vgl. ebd. (2009). S. 255 - 256
[130] Vgl. Wells, Benedict: Spinner (2009). S. 256
[131] Vgl. ebd. (2009). S.257, S.263
[132] Vgl. ebd. (2009). S. 272
[133] Vgl. ebd. (2009). S. 268
[134] Vgl. ebd. (2009). S. 280, 283 ,290
[135] Vgl. ebd. (2009). S. 306 - 307
[136] Vgl. ebd. (2009). S. 10, 16, 24, 27, 43
[137] Vgl. ebd. (2009). S. 25, 40
[138] Vgl. ebd. (2009). S. 145 – 147, S. 160

Sarkasmus und einem Hass auf alles.[139] Er zeigt viel Ehrgeiz, denn er will sich unbedingt mit seinem Buch beweisen.[140] Jespers Verhalten den einzelnen Figuren gegenüber ist unterschiedlich. Er will Frank zuerst nicht helfen und wirkt dadurch sehr egoistisch, aber dann rettet er ihn doch vor seinen Eltern.[141] Gegenüber Miriam ist er sehr offen, verliebt und warmherzig, aber am Ende erkennt er, dass er gar nichts für sie empfindet.[142]

Gustav ist sein einziger Freund in Berlin und als er sich mit ihm streitet, ist er sehr gemein, aber schafft endlich, ehrlich zu sein und spricht alle Probleme an.[143] Es lässt sich vermuten, dass seine aktuelle psychische Disposition mit den Depressionen und dem daraus resultierenden Selbstmord seines Vaters zu tun hat.[144] Er sagt selbst, dass er sich seit dem Tod des Vaters verändert hat. Man findet heraus, dass er sich nicht der Situation gestellt hat und weggelaufen ist, weil er es damals in München nicht geschafft hat, seiner Familie zu helfen, als Herr Lier Suizid begangen hat.[145] Am Schluss des Romans ist Jesper jedoch zuversichtlich, dass er seinen Weg finden wird.[146]

c.) Geschlossene vs. offene Figurenkonzeption

Jespers Figurenkonzeption ist offen, da sein Charakter eine nicht reduzierbare Mehrdeutigkeit besitzt und dadurch sein Wesen nicht vollständig definiert und zu fassen ist.[147] Man ist manchmal durch Jespers Verhalten überrascht. Er hat plötzliche Stimmungsschwankungen, denn in einem Moment ist er wütend, aggressiv und brüllt fremde Menschen grundlos an und im nächsten Moment ist er albern, scherzt und ist fröhlich.[148] Der Leser erfährt nicht direkt die Ursachen für seine Launen und die Motivation für sein Verhalten. Der Protagonist sagt selbst, dass er manchmal ohne Grund lacht, was sehr eigenartig wirkt.[149]

---

[139] Vgl. ebd. (2009). S. 37, S. 157
[140] Vgl. ebd. (2009). S. 190
[141] Vgl. Benedict, Wells: Spinner (2009). S. 62, S. 88
[142] Vgl. ebd. (2009). S. 168, S. 247, S. 289
[143] Vgl. Benedict, Wells: Spinner (2009). S. 220
[144] Vgl. ebd. (2009). S. 68, S. 70
[145] Vgl. ebd. (2009). S.101, S. 225
[146] Vgl. ebd. (2009). S. 305 - 307
[147] Vgl. http://www.digitale-schule-bayern.de/dsdaten/18/808.html (Stand 23.09.2012)
[148] Vgl. Benedict, Wells: Spinner (2009). S. 15, S. 18, S. 41, S. 103, S. 160, S. 181, S. 214
[149] Vgl. ebd. (2009). S. 16

Als roter Faden ziehen sich durch den Roman die Ereignisse, bei denen man nicht weiß, ob sie real oder nur eingebildet sind. Bei dem plötzlichen Auftreten des Wolfsrudels, Bornings und seines Vaters lässt sich erahnen, dass diese nur Fiktion sind.[150] [151] [152]

Als er jedoch seinen Vormieter Tubluk auf der Straße sieht, seinen Romanfiguren Jury und Kryger begegnet und Miri plötzlich auf der Straße trifft und bei ihr schläft, da hat man das Gefühl, dass alles sehr echt wirkt und man findet nicht unbedingt heraus, dass alles irreal ist.[153] [154] [155]

Dadurch denkt man, dass der Hauptdarsteller geistig verwirrt sein könnte, aber sicher ist man sich nicht, denn sein Denken wirkt klar und strukturiert, wenn er versucht dem Leser sein Gefühlsleben zu schildern.[156] Im Nachhinein erfährt der Leser, dass diese möglichen Halluzinationen und Wahnvorstellungen mit dem kalten Schlaftablettenentzug zusammenhängen, den Jesper vollzieht.[157]

Mysteriös erscheint auch sein Verhältnis zu Miriam und Eva. Liebt er beide oder gar keine oder wünscht er sich nur Miri zu lieben, aber merkt dann, dass er gar keine Gefühle für sie hat?[158] Als er die Möglichkeit hat, mit Eva etwas anzufangen, entscheidet er sich wider Erwarten dagegen.[159] Gegen Ende des Werks verändert sich die Sicht des Lesers auf den Charakter, denn Jesper wirkt gefasster und es hat den Anschein, dass sein Leben nun in strukturierteren Bahnen als vorher verlaufen wird.[160]

d.) Psychologische vs. transpsychologische Figurenkonzeption

Es lässt sich vermuten, dass die Figur transpsychologische Eigenschaften aufweist, weil Jesper die Fähigkeit zur Selbstreflexion besitzt und sich selbst charakterisieren kann. Er beschreibt sich und seine Eigenschaften und spricht dabei den Leser direkt an.[161] Er erklärt z.B., dass er extra Unordnung in seiner Wohnung macht, damit er für ein Genie gehalten wird

---

[150] Vgl. ebd. (2009). S. 65, S. 177, S. 255 - 256
[151] Vgl. ebd. (2009). S. 118
[152] Vgl. ebd. (2009). S. 84
[153] Vgl. ebd. S. 152
[154] Vgl. ebd. (2009). S. 160 – 163, S. 232 - 238
[155] Vgl. ebd. (2009). S. 164
[156] Vgl. Benedict, Wells: Spinner (2009). S. 17, S. 98, S. 101
[157] Vgl. ebd. (2009). S. 267
[158] Vgl. ebd. (2009). S. 18, S. 174
[159] Vgl. ebd. (2009). S. 201
[160] Vgl. ebd. (2009). S. 283, S. 295, S. 305 - 307
[161] Vgl. ebd. (2009). S. 17, S. 25, S.27, S.86, S. 145

und weiß, dass er den Weg zu seinen Träumen finden muss.[162] [163] Jesp kann sagen, was ihn verändert hat und versucht seine Gefühlswelt und sich zu erklären.[164] [165] Er provoziert den Leser, indem er meint zu wissen, wie dieser denkt und zeigt auf, dass er dem Leserwillen entgegen handeln will, weil er seine Träume nicht aufgeben möchte.[166] Der Jugendliche sieht rückblickend ein, dass sein Leben in Berlin bisher in keinem Bereich vorangekommen ist.[167] Außerdem weist er abschließend die Fähigkeit auf seine aktuelle Gefühlslage in Worte zu fassen: „ Ich hab keine Angst vor der Zukunft, verstehen Sie? Ich hab nur' n kleines bisschen Angst vor der Gegenwart."[168]

2.3.) Handlungsmodelle

Nach Algirdas J. Greimas werden die Figuren nach ihren Funktionen in der Handlung eingeteilt.[169] Es gibt das Subjekt, welches meist die Rolle des Protagonisten hat.[170] Dann existiert das Objekt, welches in abstrakter oder menschlicher Form vom Subjekt begehrt wird.[171] Des Weiteren besteht der Adressat, welcher für das Objekt bestimmt ist und es ist meist der- oder dieselbe wie das Subjekt.[172] Der Opponent stellt sich zwischen Subjekt und Objekt und versucht, den Erfolg des Zusammenspiels dieser beiden zu verhindern.[173] Außerdem gibt es den Schiedsrichter, der den Konflikt entscheidet. Er kann sich gegen das Subjekt und für den Opponenten entscheiden.[174] Der Helfer kann direkt in die Handlung eingreifen, sie beeinflussen und dem Subjekt direkte Hilfe leisten.[175]

Das Subjekt in dem Roman „Spinner" ist der 20-jährige Hauptdarsteller Jesper Lier.

Das Objekt ist auf der einen Seite Miriam. Jesper lernt die Philosophiestudentin auf der Straße kennen und es zeigt sich, dass er Gefühle für sie hat.[176] Der Schriftsteller meint, dass er sich

---

[162] Vgl. ebd. (2009). S. 30
[163] Vgl. ebd. (2009). S. 43
[164] Vgl. ebd. (2009). S. 101
[165] Vgl. ebd. (2009). S. 155, S. 229
[166] Vgl. ebd. (2009). S. 193 – 194
[167] Vgl. ebd. (2009). S. 214
[168] Ebd. (2009). S. 291
[169] Vgl. Bachorz, Stephanie: Zur Analyse der Figuren (2004). S. 54
[170] Vgl. ebd. (2004). S. 54
[171] Vgl. ebd. (2004). S. 54
[172] Vgl. ebd. (2004). S. 54
[173] Vgl. ebd. (2004). S. 54
[174] Vgl. ebd. (2004). S. 55
[175] Vgl. ebd. (2004). S. 55
[176] Vgl. Wells, Benedict: Spinner (2009). S. 19 -24

in Miri verliebt hat und sie schlafen miteinander.[177] Jesp lässt Eva für Miri abblitzen und gesteht dem Mädchen seine Liebe.[178] Miriam will aber nicht mit ihm zusammen sein und später merkt er, dass auch sie Fehler hat und er erkennt, dass er sie nicht mehr sehen möchte.[179]

Deswegen erscheint Eva andererseits als das wahre Objekt der Geschichte. Sie ist 24 Jahre alt, arbeitet bei der Zeitung „Berliner Boten" am Empfang, wo Jesper ein Praktikum absolviert und er begehrt sie förmlich.[180] Er fühlt sich ihr sehr nahe und errötet, sobald Eva ihn nur anlächelt.[181] Der Junge trifft Eva in einem Club, sie tanzen sehr innig zusammen und Jesp hat die Möglichkeit, mit ihr nach Hause zu gehen, aber er lehnt wegen Miri ab.[182]

Zum Schluss des Buches entschuldigt er sich bei Eva für die Abfuhr und er fühlt, dass er sich sehr zu ihr hingezogen fühlt, denn sie ist viel greifbarer und realer als Miriam.[183]

Wie es zwischen den beiden weitergeht bleibt offen, denn Eva sagt, dass sie vielleicht mal mit Jesper ausgehen möchte, nachdem er sie fragt.[184]

Außerdem ist das Buch „Der Leidensgenosse", welches Jesp geschrieben hat, ein abstraktes Objekt. Denn er ist anfangs stolz auf sein Buch und hofft, dass es erfolgreich sein wird.[185]

Der Adressat des Buches ist auch Jesper Lier, denn er begehrt das Objekt Miri, Eva bzw. den Leidensgenossen.

Der Opponent ist der Hass von Jesper auf die Gesellschaft und auf sich selbst. Dieses tiefe, verachtende Gefühl stellt sich zwischen ihn und Miriam, denn sie macht deutlich, dass es sie sehr stört, dass er alle hasst.[186]

Des Weiteren sind die Drogen ein Gegenspieler, denn sie verhindern, dass Jesp sein Buch mit klarem Verstand schreibt und somit ein erfolgreiches Werk abliefert.[187] Dadurch, dass er beim Schreiben fast immer betrunken war, enthält das Buch viele ausufernde Sexszenen, Wiederholungen und Unstimmigkeiten, was die Geschichte zerstört.[188]

---

[177] Vgl. ebd. (2009). S. 136, 163, 173
[178] Vgl. ebd. (2009). S. 201, S. 246
[179] Vgl. ebd. (2009). S. 247, S. 288 - 289
[180] Vgl. ebd.(2009). S. 111 - 112
[181] Vgl. ebd. (2009). S. 188 - 189
[182] Vgl. ebd. (2009). S. 199 – S. 201
[183] Vgl. ebd. (2009). S. 293 – 294
[184] Vgl. Benedict, Wells: Spinner (2009). S. 295 - 296
[185] Vgl. ebd. (2009). S. 57, S. 190, S. 208
[186] Vgl. ebd. (2009). S. 245
[187] Vgl. ebd. (2009). S. 15, S. 148, S. 155
[188] Vgl. ebd. (2009). S. 57 - 58

Ein Schiedsrichter ist der Chef des „Berliner Boten" Biehler. Der ehemalige Germanistikstudent liest Jespers Buch und bewirkt durch seine professionelle negative Kritik, dass Jesper mit seinem alten, chaotischen Leben in Berlin abschließen kann und bereit für Veränderungen ist.[189]

Außerdem sind die beiden Romanfiguren Jury und Kryger ein weiterer Schiedsrichter, denn sie regen Jesper dazu an, mit Miriam zu sprechen und somit seinen inneren Konflikt zu lösen, ob er ihr seine Liebe gestehen soll oder nicht.[190]

Es gibt mehrere Personen, die versuchen dem Protagonisten Hilfe zu leisten.

Sein größter Helfer ist sein einziger Freund in Berlin, der 22-jährige Filmemacher Gustav von Wertheim.[191] Er ist immer sehr ehrlich zu Jesper, gibt ihm Ratschläge, mahnt ihn seinen Lebensstil zu ändern und ist für ihn da.[192] Gustav ist Jespers Moral, denn er redet ihm immer wieder ins Gewissen, seine Handlungen zu überdenken.[193] Der junge Mann gibt ihm den Tipp, dass er sich nicht in die erste Frau, die er trifft, verlieben soll, denn man kann keine Liebe erzwingen.[194]

Gustav sagt, dass „Der Leidensgenosse" schlecht ist und hilft nachher auch seinem Freund, das Buch zu verbrennen.[195] Man hat das Gefühl, der „große Bruder" habe immer Recht und darüber hinaus eine Gabe, die Gründe für Jespers Verhalten zu analysieren.[196]

Ein weiterer Helfer ist der pensionierte Germanistikprofessor Hans Borning, welcher in München der Nachbar von Familie Lier war und an die Stelle von Jespers verstorbenen Vater getreten ist. Er hofft, dass der Mann einen guten Kommentar zu seinem Buch abgibt, um ihm zu helfen.[197] Der alte Professor hat Jesper damals geraten, sich nicht die Schuld für den Tod seines Vaters zu geben und sein eigenes Leben zu leben.[198] Außerdem hat Borning ihm das Praktikum beim „Berliner Boten" verschafft und selbst nach dessen Tod denkt Jesper an seine Schachratschläge, um zu erfahren, wie er bezüglich Miri handeln soll.[199]

---

[189] Vgl. ebd. (2009). S. 186, S. 208 - 211
[190] Vgl. ebd. (2009). S. 237 – 239
[191] Vgl. ebd. (2009). S. 27
[192] Vgl. ebd. (2009). S. 27 – 29, S. 183
[193] Vgl. ebd. (2009). S. 29, S. 83
[194] Vgl. ebd. (2009). S. 54
[195] Vgl. Benedict, Wells: Spinner (2009). S. 76, S. 262
[196] Vgl. ebd. (2009). S. 192, S. 223 - 228
[197] Vgl. ebd. (2009). S. 30, S.107
[198] Vgl. ebd. (2009). S. 108 - 109
[199] Vgl. ebd. (2009). S. 110, S. 230

Außerdem hilft ihm sein alter Schulfreund Frank, den Jesper und Gustav von seinen Eltern befreien und der jetzt auch in Berlin leben möchte.[200] Frank ist auch ehrlich, denn er sagt Jesper, dass er krank aussieht, es traurig findet, dass er direkt nach der Schule aufgegeben hat und ihm eine reinhaut, wenn er nicht endlich mit Miri redet.[201]

Biehler ist auch ein Helfer, denn er bietet Jesper einen Job als freier Redakteur in seiner Zeitung an.[202] Er erweist sich als Mentor, bestätigt dem Jungen, dass dieser Talent zum Schreiben besitzt, aber gibt ihm gleichzeitig den Ratschlag, dass er dieses auch nutzen muss und aufhören soll, zu jammern.[203]

Der Mann in seinen Vierzigern macht dem 20-Jährigen auch das Angebot, jederzeit mit Problemen zu ihm zu kommen.[204]

Zuletzt ist der Arzt in dem Krankenhaus nach Jespers Zusammenbruch auch eine Hilfe, denn ihm traut Jesper all seine Probleme an und fühlt sich erleichtert, dass er alles endlich mal loswerden kann.[205] Ihm muss er versprechen, dass er sich in Zukunft richtig ernährt und einen Arzt wegen seines Schlaftablettenentzugs aufsucht.[206]

2.4.) Figurenkonstellationen

In diesem Kontext werden die Kontrastpaare von Figuren bezogen auf ihre Eigenschaften und spannungserzeugende Dreieckskonstellationen betrachtet.[207]

Ein eindeutiges Kontrastpaar sind die beiden Freunde Jesper und Gustav. Lier ist schüchtern und unsicher, hingegen ist von Wertheim mutig und selbstbewusst.[208] Der eine verliebt sich schnell, sucht eine Beziehung, ist ein Romantiker, läuft schnell heiß und überdreht in Liebesangelegenheiten.[209] Der andere hingegen verliebt sich nicht, will keine Beziehung, ist ein Hedonist und wird in Liebesangelegenheiten immer kälter und berechnender.[210] Gustav ist mit Jesp befreundet, denn er bewundert ihn, weil er schreibt, kreativ ist und nicht aufgibt.

---

[200] Vgl. ebd. (2009). S. 88, S. 263
[201] Vgl. ebd. (2009). S. 95, S. 224, S. 229
[202] Vgl. ebd. (2009). S. 114, S. 291
[203] Vgl. ebd. (2009). S. 210 – 211, S. 292
[204] Vgl. ebd. (2009). S. 293
[205] Vgl. ebd. (2009). S. 266 - 270
[206] Vgl. ebd. (2009). S. 272
[207] Vgl. Bachorz, Stephanie: Zur Analyse der Figuren (2004). S. 56 - 57
[208] Vgl. Wells, Benedict: Spinner (2009). S. 32, S. 42 - 43
[209] Vgl. ebd. (2009). S. 203
[210] Vgl. ebd. (2009). S. 203, S. 301

Gustav denkt oft ans Aufgeben mit dem Filmemachen, weil er oft keine Ideen hat.[211] Ein letztes Indiz ist, dass sich Gustavs Traum von der Filmhochschule erfüllt und Jespers Traum, ein Schriftsteller zu sein, sich nicht erfüllt.[212]

Ein weiteres Kontrastpaar sind Miriam und Eva. Die Philosophiestudentin ist ein ungreifbarer Traum für Jesper, wogegen Eva real, greifbar und fehlerhaft erscheint.[213]

Die hauptsächliche Dreieckskonstellation im Buch ist die der drei Freunde Jesper, Gustav und Frank.

Die Beziehung beginnt, als Jesper und Gustav zu Franks Familientreffen nach Potsdam fahren, sie ihn von seinen Eltern loseisen und ihn mit nach Berlin nehmen.[214] Die beiden helfen ihm bei seiner Selbstfindung, denn er wird viel selbstständiger und gesteht sich seine Homosexualität ein, nachdem er mit Gustav geschlafen hat.[215] Jesper ist eifersüchtig, dass Frank und Gustav etwas miteinander haben und meint, dass Gustav Frank nur ausnutzen und veräppeln würde.[216] Gustav lässt Frank fallen, denn er will nichts von ihm, aber er hat ihm Selbstbewusstsein für ein eigenständiges Leben gegeben.[217] Gustav und Jesp sind alte Gefährten und Leidensgenossen, denn beide sind in Berlin gestrandet, jagen ihren Träumen hinterher und fühlen sich einsam.[218]

Frank und Gustav waschen Jesper den Kopf und versuchen ihm zu helfen, sein Leben wieder in geordnete Bahnen zu bringen.[219] Stärkend für ihre Freundschaft ist, dass sie zusammen Jespers Monster „Der Leidensgenosse" verbrennen. Gustav bietet den beiden an in seiner Wohnung einzuziehen, damit er immer wieder nach Berlin kommen kann, wenn er Ferien von der Filmhochschule in der Nähe von Stuttgart hat.[220]

Eine nebensächliche Dreieckskonstellation ist die von Borning, Biehler und Jesper. Borning war Biehlers Germanistikprofessor in seinem Studium und fungierte als sein Mentor und Ziehvater und er war Jespers Ersatzvater.[221] Nachdem nun Borning verstorben ist, lässt sich

---

[211] Vgl. ebd. (2009). S. 204
[212] Vgl. ebd. (2009). S. 299
[213] Vgl. ebd. (2009). S. 294
[214] Vgl. ebd. (2009). S. 88
[215] Vgl. ebd. (2009). S. 150, S. 185, S. 199, S. 263 - 264
[216] Vgl. ebd. (2009). S. 196, S. 200 S. 227
[217] Vgl. ebd. (2009). S. 198 – 199, S. 301
[218] Vgl. ebd. (2009). S. 105, S. 204, S. 287
[219] Vgl. Benedict, Wells: Spinner (2009). S. 223 – S. 229
[220] Vgl. ebd. (2009). S. 263, S. 301
[221] Vgl. ebd. (2009). S. 30, S. 141,

vermuten, dass Biehler die informelle Rolle als Ersatzvater und Mentor von Jesper einnehmen möchte, um sein Wissen an ihn weiterzugeben.[222]

3.Fazit/ Schlussfolgerung

Es gibt mehrere fundamentale Ereignisse innerhalb des Romans, durch die sich die Einstellung des 20-jährigen Protagonisten Jesper Lier verändert.

Nachdem Biehler sein Buch „Der Leidensgenosse" gelesen hat und ihm eine schlechte Kritik dazu gibt, erkennt Jesper, dass er die Fertigstellung des Buches so lange hinausgezögert hat, weil dies gleichzeitig das Ende seines jetzigen Daseins bedeuten würde und er nun eine Entscheidung bezüglich seiner Zukunft treffen müsse.[223] Jesp sieht, dass sein Leben in Berlin stagniert und durch diese Eingebung ist der Grundstein für einen Fortschritt und eine Weiterentwicklung gegeben.[224] Als Jesper sich einbildet, dass seine Romanfiguren Jury und Kryger ihn umbringen wollen, wird ihm klar, dass er leben und nicht aufgeben will.[225]

In dem Moment, als er Miri sagt, dass er sie liebt, zeigt er endlich, dass er sich traut, Entscheidungen zu treffen.[226] Sehr wichtig ist, dass Jesper den imaginären Wolf umbringt, welcher ihn seit dem Tod seines Vaters verfolgt.[227] Dadurch ermordet er bildlich gesprochen seinen Alter Ego und er befreit sich von seinen vergangenen, negativen Eigenschaften.

Ab diesem Zeitpunkt verbessert sich seine ganze Einstellung und er hat den Mut, sein Leben selbst zu bestimmen. Er verbrennt seinen Roman „Der Leidensgenosse" und schließt so endgültig mit der Vergangenheit ab.[228]

Nachdem er ohnmächtig wird und im Krankenhaus wieder aufwacht, ist er dem Arzt gegenüber sehr offen. Er schildert ihm alle seine Probleme und verspricht, dass er gesünder leben und sein Schlaftablettenkonsum in den Griff bekommen wird.[229] Durch die Erfahrungen innerhalb der geschilderten Ereignisse öffnet sich der Protagonist der Zukunft. Er hat nun endlich den Willen entwickelt, sich Entscheidungen zu stellen, diese zu treffen und

---

[222] Vgl. ebd. (2009). S. 291 - 292
[223] Vgl. ebd. (2009). S. 207 – 210
[224] Vgl. ebd. (2009). S. 210 - 212
[225] Vgl. ebd. (2009). S. 236 - 242
[226] Vgl. ebd. (2009). S. 246 – S. 248
[227] Vgl. ebd. (2009). S. 225 - 256
[228] Vgl. Benedict, Wells: Spinner (2009). S. 263
[229] Vgl. ebd. (2009). S. 264 - 274

nicht mehr vor seinen Problemen davonzulaufen. Zum Schluss des Buches fährt er in seine Heimatstadt München und der Leser spürt, dass sich sein Leben verändern wird.[230]

---

4. Literaturverzeichnis

Primärliteratur

Wells, Benedict: Spinner. Zürich: Diogenes Vlg. 2009.

Sekundärliteratur

Bachorz, Stephanie: Zur Analyse der Figuren. In: Einführung in die Erzähltextanalyse: Kategorien, Modelle, Probleme. Hg. von Peter Wenzel. Bd. 6: WVT- Handbücher zum literaturwissenschaftlichen Studium. Trier: Wissenschaftlicher Vlg. Trier 2004. S. 51 – 67.

digitale-schule-bayern.de (2012): Figurenkonzeption. Online – Dokument. http://www.digitale-schule-bayern.de/dsdaten/18/808.html (Stand 23.09.2012)

Koch, Thomas: Literarische Menschendarstellung: Studien zu ihrer Theorie und Praxis. Tübingen: Stauffenburg Vlg. 1991.

Pfister, Manfred: Das Drama: Theorie und Analyse. München: Wilhelm Fink Vlg. 1977